BRIAN GAGG

DAS

90iger Jahre

WORTSUCHRÄTSEL BUCH

- -

 Bibliografische Information der Deutschen Nationalbibliothek:
Die Deutsche Nationalbibliothek verzeichnet diese Publikation in der Deutschen
Nationalbibliografie; detaillierte bibliografische
Daten sind im Internet über http://dnb.dnb.de abrufbar.

Herstellung und Verlag: BoD – Books on Demand, Norderstedt
ISBN: 9783754353479

Einleitung

Auf den folgenden Seiten finden sich thematisch sortierte Wortsuchrätsel.

Um ein Wortsuchrätsel zu lösen, müssen alle jeweils aufgelisteten Worte in der darüber befindlichen Buchstabenmatrix gefunden werden. Ist ein Wort gefunden, sollte es mit einem Stift umkreist und das gefundene Wort aus der Liste gestrichen werden. Sind alle Worte aus der Liste gefunden, ist das Rätsel gelöst. Bei Schwierigkeiten ein Rätsel zu lösen, kann die Lösung ab Seite 35 nachgeschaut werden. Die zu findenden Worte sind jeweils als ganzes (d.h. immer nur in einer Richtung und ungebrochen) in der Matrix nach folgenden Regeln versteckt:

- Suchworte können sich überlagern, d.h. ein Buchstabenkästchen kann von mehreren Suchworten genutzt sein.

- Worte können vorwärts, rückwärts, horizontal, vertikal oder diagonal in der Matrix versteckt sein.

- Suchworte stehen für sich alleine und sind untereinander und/oder nebeneinander aufgelistet.

```
Z  L  N  A  G  F  C  I  R  Q  K  V  M  R  V  G  Y  H  I
G  J  C  E  J  V  D  U  Y  H  E  D  O  A  H  Z  S  X  E
M  L  I  Y  L  N  J  E  O  G  N  X  G  L  O  K  A  G  C
T  Y  C  S  L  A  G  P  O  P  O  L  L  Y  A  I  R  H  J
A  V  Y  G  G  M  D  Q  A  Y  L  P  B  C  T  F  Z  N  G
T  D  R  O  J  U  U  N  H  E  T  J  V  U  H  U  F  N  Z
T  Y  H  L  K  F  H  T  A  Y  E  L  U  K  A  M  L  U  D
O  B  L  P  C  R  L  F  V  S  Y  H  U  R  N  W  G  R  B
O  F  R  M  W  A  M  Q  K  E  I  C  O  B  D  E  A  E  V
X  S  R  X  J  P  P  P  J  F  K  M  D  Z  Y  I  M  L  V
P  S  U  R  V  E  P  F  Z  T  X  Z  M  T  X  E  E  L  V
I  K  G  O  Y  J  F  G  T  O  N  O  J  U  O  S  B  O  Y
B  Y  L  J  O  E  V  B  I  E  H  O  Q  X  G  M  O  R  F
E  T  E  K  N  E  A  R  T  E  G  E  E  T  D  I  Y  Y  D
N  E  H  U  H  N  I  T  X  Y  S  G  V  F  U  G  H  T  Q
O  K  I  A  E  G  E  N  Y  S  E  L  T  Y  X  C  Q  I  O
R  C  S  F  H  K  F  R  R  X  V  K  U  I  X  M  A  C  E
T  O  Y  T  U  T  J  A  G  C  P  L  N  P  E  B  I  A  D
I  P  V  U  H  C  X  I  G  I  P  S  J  L  M  P  K  D  S
Z  G  E  F  C  C  U  K  Q  L  R  W  O  K  U  I  O  W  M
L  U  Z  M  S  D  S  K  C  F  V  D  Z  L  M  V  N  J  P
S  O  M  I  Q  I  C  S  M  X  Y  E  V  X  B  Y  B  M  N
Y  U  K  C  E  O  A  B  C  B  Y  E  U  A  R  P  P  T  H
T  A  M  A  G  O  T  C  H  I  R  X  S  Y  H  N  R  T  A
```

1990iger Produkte

MY MELODY PARFUM
IMPULS DEO
POLLY POCKET
TAMAGOTCHI
GUMMISANDALEN
BUFFALO SCHUHE

NOKIA HANDY
ZITRONE TEEGETRAENKE
PULVER
CITYROLLER
GAMEBOY
TATTOO KETTEN

```
J  L  J  V  P  P  J  W  G  E  X  X  V  F  Z  B  R  T  N
K  R  T  H  G  M  O  R  T  A  L  R  N  Q  W  U  C  U  P
W  J  E  O  B  O  F  F  Z  J  P  R  Q  X  J  S  P  O  O
V  S  Z  U  P  H  Q  W  W  C  E  R  T  Y  F  D  K  A  J
T  K  I  K  Q  X  F  U  K  S  Z  E  L  D  A  E  N  K  Q
M  L  L  E  Z  N  M  A  I  O  T  N  U  B  M  D  C  P  T
D  D  R  W  B  O  O  D  N  R  F  Q  S  O  O  G  B  R  L
E  O  E  G  O  E  E  C  R  T  G  Q  N  E  E  D  K  U  Q
C  I  N  D  C  N  N  O  I  T  A  Z  I  L  I  V  I  C  U
O  G  O  J  T  M  D  Y  S  Y  B  S  C  Z  P  W  U  C  A
M  D  V  V  A  G  O  P  V  S  H  O  Y  T  R  M  V  Z  K
M  F  F  J  D  I  O  J  X  W  E  Q  I  F  P  S  Z  X  E
A  E  F  I  L  Y  E  A  B  P  A  F  E  A  B  P  V  Z  H
N  P  T  B  N  L  E  G  E  N  D  X  Y  R  M  E  N  T  S
D  L  Y  Q  S  Q  L  E  R  Z  L  A  M  C  M  E  P  M  Q
B  G  D  D  J  R  B  T  Y  J  Q  A  X  R  L  D  R  V  C
B  T  E  D  E  V  K  F  E  V  I  L  X  A  M  A  W  I  V
L  R  M  D  K  Q  O  S  A  H  I  N  M  T  V  M  N  A  K
U  D  I  K  F  O  S  M  N  X  N  G  Y  S  U  Y  E  I  F
E  A  W  U  E  Q  M  L  S  T  B  V  T  P  Q  Y  S  C  F
R  F  T  Y  D  O  R  B  W  I  O  F  D  R  U  L  T  L  A
R  L  G  R  A  N  R  W  A  L  R  M  V  L  T  A  R  D  N
M  A  F  O  R  U  D  X  Z  T  R  U  B  O  U  R  I  E  D
F  H  H  D  T  H  E  O  H  B  Q  C  T  Z  M  N  N  S  W
```

1990iger Videospiele

FINAL FANTASY SIEBEN
HALF LIFE
RESIDENT EVIL
POKEMON RED AND BLUE
THE LEGEND OF ZELDA
DOOM
TOMB RAIDER

CIVILIZATION ZWEI
MORTAL KOMBAT
STARCRAFT
NEED FOR SPEED
QUAKE
COMMAND AND CONQUE
GRAN TURISMO

```
K N E T T E R A G I Z S G L Y D F P H
E V L I S K E W K V M E X D S U O J B
P G Y O W L O Q A F U E N G E P I J H
V F W K O V B L U Y L A X O I E H B H
P N E K W G E T G B C C D G T S A U C
R R Q A T C D K U Y R M I I R Z E Z Z
X J H F L B X S M K B I U N A V F P Z
D B U D R B W L M K W S J E M E J M E
A Q L G B U R N I D M P N L S F F T X
H L Z N H S F G E E M E L L Z D F O T
N X E F X S Q R L Q U P C I D I J R O
K R I N G F Y U O Z N S S I T Z U D G
V G S Q L Y Y T E O I L T S H H A T N
C M B S A B C L A E P Y N U G W G H G
X G K A D K L L E G Z E V O A Z X G G
E L C C H J L W Y N P I J C H B I Q U
F T R O O G A T G P X R T I B N R T S
N X Y X U T B X I L A I I P O X O U E
R L S N V X R L Y I Q T C Q E B D Q I
D L T N X B E R S T I T H S U I W V F
W E A W N H D G P Q X E G B G U S U I
I V L K G B N L O D Y R B U O Q P U H
V K T U K K U Y R P M L W U F O Z A R
U T F T J I W X T E E R Q F P F W T F
```

1990iger Süßigkeiten

CRYSTAL PEPSI

RITTER SPORT SMARTIES

RING POP

GINO GINELLI EIS

BUBBLE JUG

WUNDERBALL

SQUEEZIT

CANDY LIPPENSTIFT

KAUGUMMI ZIGARETTEN

FRUFROO JOGHURT

```
M  I  E  G  P  I  U  N  K  F  V  A  P  U  H  C  C  S  N
F  P  G  Z  D  B  H  W  T  U  D  S  P  U  K  F  H  A  R
L  H  U  P  U  U  F  J  C  H  T  I  F  I  R  X  U  M  N
L  L  L  T  B  M  Q  L  C  R  Q  I  N  H  I  S  P  P  U
J  K  V  K  S  V  X  F  K  K  U  C  K  I  I  F  S  Y  R
Y  W  G  V  A  Y  G  L  W  I  M  J  L  E  F  P  N  C  C
Q  R  I  Z  J  K  X  U  T  Z  O  Y  Y  S  Z  K  P  D  G
Y  A  F  M  G  P  W  U  M  W  R  X  T  G  K  E  A  O  R
T  A  F  P  K  Z  T  F  G  D  E  B  P  M  G  I  C  Y  I
N  O  A  G  W  Q  T  R  T  F  L  H  X  U  P  S  D  N  U
A  G  Q  O  V  K  A  U  M  B  O  N  C  B  H  N  C  H  S
K  I  P  S  K  Y  B  X  H  B  S  T  Q  B  Q  B  A  V  G
B  Q  I  G  F  B  U  A  R  U  J  X  A  C  C  N  G  A  W
L  N  V  S  L  W  K  C  V  J  A  I  T  Z  Y  G  U  N  J
T  Q  H  E  M  U  S  K  E  T  I  E  R  S  N  R  L  W  C
Q  M  B  K  Y  R  K  K  N  E  Z  A  C  S  X  Z  A  G  D
B  W  E  E  L  H  A  Y  P  P  A  H  A  M  I  L  B  D  C
J  V  G  S  X  E  U  W  D  X  M  G  F  H  I  E  A  L  I
V  D  A  C  P  Z  K  G  Q  F  H  I  R  A  Z  S  T  N  S
Z  T  K  T  L  S  S  Y  G  M  E  Q  U  L  S  N  B  H  I
Q  E  N  S  H  O  T  S  T  C  V  I  C  O  R  A  N  V  H
N  Y  I  K  X  W  A  V  M  G  A  U  E  L  N  C  N  Q  C
D  N  X  E  G  O  L  D  T  A  L  E  R  R  U  K  X  T  S
M  O  V  K  T  M  F  N  D  I  C  A  G  T  D  B  K  M  T
```

1990iger Süßigkeiten

CHUPA CHUPS
GOLDTALER
TUBBLE GUM
DREI MUSKETIERS
HAPPY HIPPO SNACK

TABALUGA EIS
SOLERO SHOTS
TSCHISI EIS
SKY EIS
KAEPTN KUCK

```
O R C R A Z Y I V S T I V Q J G A V W
K G H I F D V Z J T H L G S K O E E V
V O U L Y L B E J P A L T K V F M F Z
Y P L R J U M V L B J O K C V T G L S
D Y G Y C A F E B B F C I V H I S Y G
Z U J L H V V U Z E D H I R H I F C V
M A G O M G H H T E S M A G E W V F V
A N H Z Z P Q H T A S O U U A B X L M
J E T A I S Y B G L E K F B S M A D E
K O E N D W X H A B B U B U C E M Y J
O T M C N X I N E R E A B B H P X F C
L W Z Y A H F K Z E I Q R B L N Z Q M
F E A B F L G W S O Q Z L W E U X H Y
P N H N D Y E U A L A O K N C K F H T
A D S C B Q A V M T W P C X K D N W X
I G Y W S R E S U E C H V V B L J W V
B D T V B U N Z H E Q U P P R D G P Y
D I L W Y O M C R P R I K U A D M T D
Y P Q H K T X K A B B U M F U I U H L
I S H K O N U M C N T Z P L S D G B B
M O C A R E G J D E D A R M E U G W L
B W S X R E D I A R L Y X Z U U E X N
U L M I K J S F N H F W H Y Q R Y M R
H P I S N I Y V F R M Z T W Q G V F Q
```

5

1990iger Süßigkeiten

CANDY UHR
BUM BUM EIS
LECKMUSCHEL
SCHLECKBRAUSE
HUBBA BUBBA

BRAUSE UFOS
RAIDER
CRAZY DIPS
MAGIC GUM
KOALA BAEREN

```
U K O C V G Z C W F U R R R I N Y L G
I J N E S O N I D Z A A H T N C S F U
E M X E P S G L B B D U X P S T B X A
S J H B E N O U F Q V E E E L Q A Q J
J T V R D C D H Q B S K L E C O L C N
D T L N E A S N D C S B I T S T U T S
R D M Q J K W F E S B D O B O J V G U
D D U S W C U S R V W S R I U Z D D F
X T B J E T W K O T P B G G T N M N E
D E Q F U P K V A N M Y T C H Q R A I
Y M W R P V X L B Z S S I E V N I L K
O L A O W M E B U Z X N P P P S T V C
P M T W O S I U W E P P R E W T S R U
A J T F V F M A K M E L H X D H O B D
W B A D J N H V L A O A S N E D L O G
H L I R K Q R E F B E G S G F K P A J
A O L B Q W I V X E N P K Y Y T N Y O
X E Y D F U R C Y H D L T L Y T X G U
I S T W V P G R I N M F K N G O I F W
Q T J U S J K E I Y K C G W W I S C N
R Y P D H G F E W J Q T O R V S R G L
L P H R M M V K C K R E I H O E L L O
X E U C S T A R G A T E T B U A R R S
I D A J T I P A R K M C O O N I N V O
```

6

1990iger Serien

SOUTH PARK
DUCK TALES
KAEPTN BALU
DAWSONS CREEK
DIE DINOS

SEX AND THE CITY
WER IST HIER DER BOSS
GOLDEN GIRLS
FUTURAMA
STARGATE

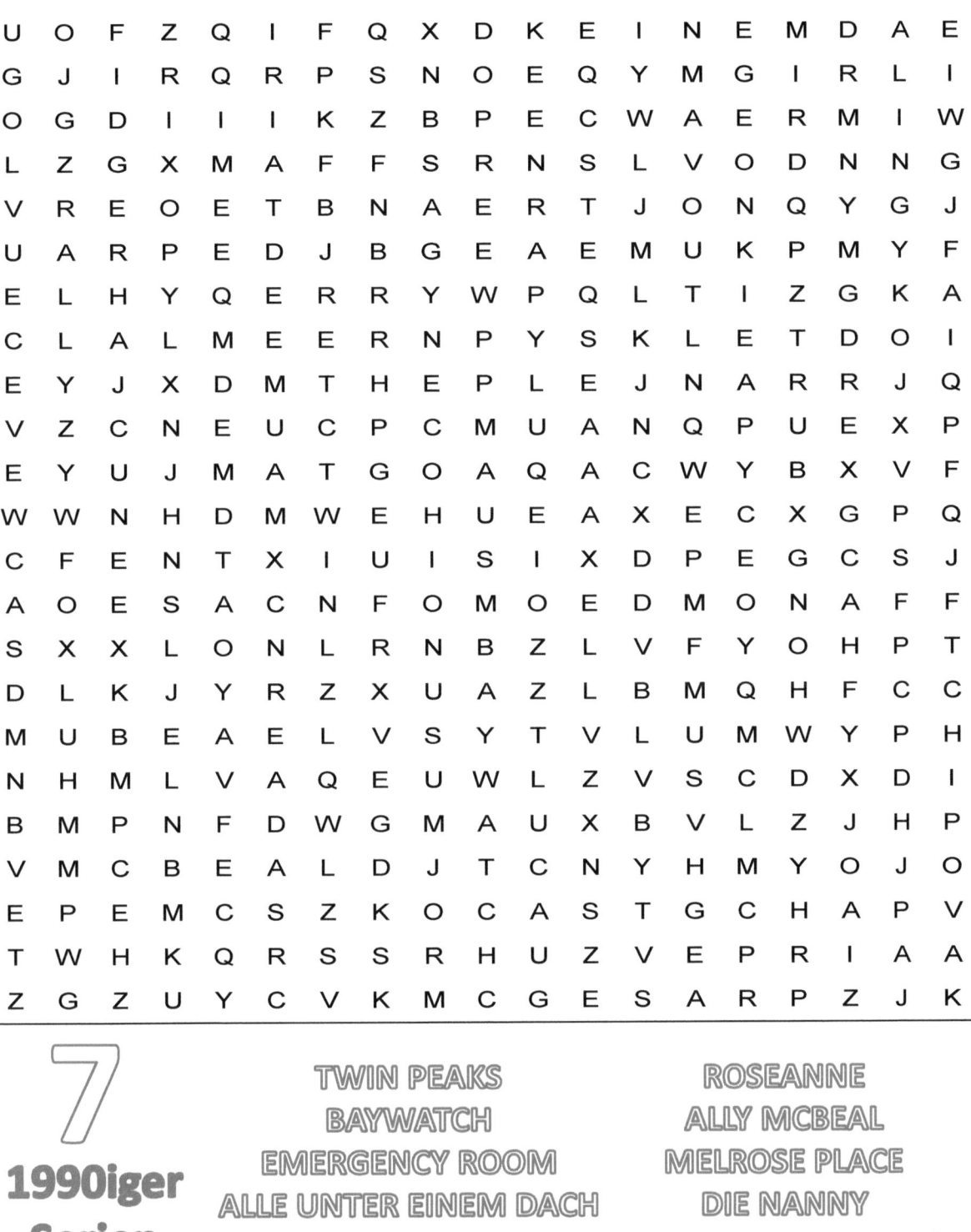

D	N	B	R	B	Q	K	A	H	E	T	V	I	D	R	R	P	I	Y
U	O	F	Z	Q	I	F	Q	X	D	K	E	I	N	E	M	D	A	E
G	J	I	R	Q	R	P	S	N	O	E	Q	Y	M	G	I	R	L	I
O	G	D	I	I	I	K	Z	B	P	E	C	W	A	E	R	M	I	W
L	Z	G	X	M	A	F	F	S	R	N	S	L	V	O	D	N	N	G
V	R	E	O	E	T	B	N	A	E	R	T	J	O	N	Q	Y	G	J
U	A	R	P	E	D	J	B	G	E	A	E	M	U	K	P	M	Y	F
E	L	H	Y	Q	E	R	R	Y	W	P	Q	L	T	I	Z	G	K	A
C	L	A	L	M	E	E	R	N	P	Y	S	K	L	E	T	D	O	I
E	Y	J	X	D	M	T	H	E	P	L	E	J	N	A	R	R	J	Q
V	Z	C	N	E	U	C	P	C	M	U	A	N	Q	P	U	E	X	P
E	Y	U	J	M	A	T	G	O	A	Q	A	C	W	Y	B	X	V	F
W	W	N	H	D	M	W	E	H	U	E	A	X	E	C	X	G	P	Q
C	F	E	N	T	X	I	U	I	S	I	X	D	P	E	G	C	S	J
A	O	E	S	A	C	N	F	O	M	O	E	D	M	O	N	A	F	F
S	X	X	L	O	N	L	R	N	B	Z	L	V	F	Y	O	H	P	T
D	L	K	J	Y	R	Z	X	U	A	Z	L	B	M	Q	H	F	C	C
M	U	B	E	A	E	L	V	S	Y	T	V	L	U	M	W	Y	P	H
N	H	M	L	V	A	Q	E	U	W	L	Z	V	S	C	D	X	D	I
B	M	P	N	F	D	W	G	M	A	U	X	B	V	L	Z	J	H	P
V	M	C	B	E	A	L	D	J	T	C	N	Y	H	M	Y	O	J	O
E	P	E	M	C	S	Z	K	O	C	A	S	T	G	C	H	A	P	V
T	W	H	K	Q	R	S	S	R	H	U	Z	V	E	P	R	I	A	A
Z	G	Z	U	Y	C	V	K	M	C	G	E	S	A	R	P	Z	J	K

7

1990iger Serien

TWIN PEAKS
BAYWATCH
EMERGENCY ROOM
ALLE UNTER EINEM DACH
CHIP UND CHAP

ROSEANNE
ALLY MCBEAL
MELROSE PLACE
DIE NANNY
WUNDERBARE JAHRE

N T S I M P S O N S V Q A M X Z V W K
H R S P X L P V I F A O U D P B Y J K
S D J R B K R L B I R S N E Q U W L S
O P B I U S L E R D I I N B E O K Y M
A Q T N F U L H O I F L E S E N Z X R
O A C Z F K E A X Y B U C N Z I S K T
P C P W Y T N E N R W H P W D H E L Q
U D P V F S H I W G R H G G A S X T B
J H E I L I M A F E A T M I O Q H I B
U B F W S B S F C S Y D D S R E K C Z
G Q A D Q H A K M I I R N U Q F L H M
Z N Q F I X L F X Y E O B C M Y P F O
L R L L J I B U E D N B U H P T H H H
U W Y A C G Z Y G A K U H X B J T X W
G J N H L V U L A J Z Q W D I E X Y Y
A G Z F V O L C L T W V W A Y E S V B
O R C K L Y O Z J S Q B Z T O N Q P D
K K Z D O O Y B W C E K F U F I W C G
S J C G V T J U J V Q H O U S E Q R P
S P D E F E W C E J G Y H X N P H Y C
R Y A K T E X R B P S U G I Y Q I D K
I N E T T E L U W J H O N M Q C L K M
W J L G S Y I J K I N G H P J A L D K
R G M T T D Z W G Q P P K Z T R S N H

8

1990iger Serien

BEVERLY HILLS
FRIENDS
DER PRINZ VON BEL
AIR
AKTEX
KING OF QUEENS

BUFFY
ALF
FULL HOUSE
EINE SCHRECKLICH
NETTE FAMILIE
DIE SIMPSONS

T	R	A	U	M	S	C	H	I	F	F	F	M	N	H	J	R	Q	G
Z	W	T	A	U	S	F	A	L	L	E	J	T	D	I	B	Y	A	Q
V	I	N	L	N	L	Z	A	K	T	R	A	T	S	U	A	Y	B	D
X	D	E	A	O	L	I	R	D	N	E	T	Z	D	T	G	K	N	A
K	R	D	L	T	A	N	W	W	W	Z	Z	M	E	K	J	I	O	U
T	A	I	V	N	B	S	Y	A	U	B	A	L	M	L	Z	K	R	K
U	N	S	G	I	S	T	S	R	N	O	O	E	R	L	B	S	E	D
M	E	E	W	L	S	I	U	Q	M	E	D	H	E	I	W	H	Y	N
B	Y	A	D	C	U	N	O	G	E	I	D	J	X	B	N	K	Z	A
E	W	R	M	I	F	C	M	C	X	C	H	U	B	B	L	E	E	L
N	G	P	A	D	S	T	F	F	E	L	P	R	A	I	T	Z	T	H
E	N	K	P	L	Z	E	O	I	K	A	A	F	Q	R	K	E	R	C
N	U	A	A	E	R	R	A	H	A	B	Q	V	A	O	H	G	A	S
N	D	N	R	I	D	H	S	R	T	S	Z	T	E	S	T	A	R	T
U	N	A	T	F	F	Q	Z	P	P	C	S	P	C	N	I	S	C	U
N	E	L	H	Y	X	G	N	J	V	H	M	A	I	N	R	U	O	E
G	U	C	E	L	X	G	C	A	K	A	M	I	B	O	X	A	X	D
A	R	I	I	O	V	H	J	G	H	F	W	F	D	P	F	Q	K	A
J	G	S	D	H	E	G	N	U	N	F	F	E	O	R	E	K	T	F
X	N	A	Z	M	W	B	F	A	F	U	H	P	N	Q	A	A	M	F
T	S	B	N	G	O	M	D	R	E	N	S	T	A	X	H	U	C	A
L	M	I	A	R	Q	H	L	Z	F	G	X	G	U	T	T	F	L	E
T	T	S	I	T	E	L	E	S	K	O	P	A	Y	I	Q	T	K	R
Z	G	S	Y	M	A	N	O	D	A	R	A	M	V	Z	N	L	Z	E

9

1990-92
Ereignisse

1990
UMBENENNUNG
CHEMNITZ
BSE
FORD KAUFT JAGUAR
HUBBLE TELESKOP
TAKE THAT
GRUENDUNG
DEUTSCHLAND
FUSSBALL WM

1991
TRAUMSCHIFF
AFFAERE
BORIS JELZIN
PRAESIDENT
START WWW
AUSFALL KARNEVAL
KOKAIN DIEGO
MARADONA
HOLYFIELD BOX WM

1992
ABSCHAFFUNG
APARTHEID
BILL CLINTON US
PRAESIDENT
START DNETZ
EROEFFNUNG MAIN
DONAU KANAL
BASIC INSTINCT
START ARTE

```
J A H R H U N D E R T F L U T U N D E
S T A R T N A V I G A T O R F O X I M
J W P O S T K R U Z I F I X H E Q V A
G U R T E B R E I P A P T R E W F U N
P C A S W O D N I W R H E I N Z V Q D
H R L U C K D E U T S C H L A N D Q E
T A I Q A P R E I C H S T A G A V V L
S C H I N D L E R S N E T S C A P E A
N P R O S T P R A E S I D E N T K U R
T X V E M H A N T S E F E Y U H S D G
F S X G I Z N U E N D N U F N E U F I
S E L E S D A V I S S N Z U O Y Y S L
V E R H U E L L U N G N Z U E U Z N L
D A G O B E R T B E S C H L U S S I E
D O O P R I V A T I S I E R U N G E T
E U R O T U N N E L G V G Y M M L L S
P O S T L E I T Z A H L E N W C C E F
T I F J V N J A C Q U E S W L P L M N
T N E D I S E A R P K U N E L F A R E
E E B A G I E R F L Y I S J R C J O U
N P L C H I R A C F C O Q L I O S F F
T A T N E T T A C K M F W N E T S I L
R L E E S O N U P W O T O Q R T M P H
K M C O P X P C P R E M I E R E N U K
```

10 1993

1993-95
Ereignisse

1993
POSTLEITZAHLEN
FUENFSTELLIG
MONICA SELES
ATTENTAT
DAVIS CUP
DEUTSCHLAND
ALAIN PROST
FORMELEINS WM
JAHRHUNDERTFLUT
RHEIN UND MOSEL

1994
PREMIERE
SCHINDLERS LISTE
FESTNAHME
DAGOBERT
MANDELA
PRAESIDENT
START NETSCAPE
NAVIGATOR
FREIGABE
EUROTUNNEL

1995
JACQUES CHIRAC
PRAESIDENT
KRUZIFIX BESCHLUSS
START WINDOWS
FUENFUNDNEUNZIG
WERTPAPIERBETRUG
NICK LEESON
PRIVATISIERUNG POST
VERHUELLUNG
REICHSTAG

X	H	E	U	P	H	C	O	L	O	N	I	A	Y	S	H	A	S	D
F	X	Z	U	D	C	K	H	S	T	M	U	V	W	F	A	O	X	J
K	U	P	T	H	M	H	J	N	N	R	X	O	G	E	W	S	G	A
Q	U	A	K	E	S	C	H	A	C	H	S	I	E	G	E	R	U	E
G	E	A	R	M	U	E	B	E	R	N	A	H	M	E	E	E	H	A
O	N	E	E	G	H	K	B	O	E	R	S	E	N	G	A	N	G	G
O	I	U	T	T	A	Z	N	Z	C	T	A	E	C	H	I	N	A	N
G	B	R	T	Z	U	I	B	F	A	K	O	M	A	G	Z	W	P	U
L	M	O	O	S	Q	C	V	R	H	A	R	R	Y	N	G	V	P	H
E	U	T	P	A	Q	D	T	M	I	Z	V	C	T	U	N	O	L	C
B	L	U	E	G	E	B	U	R	T	P	Z	L	N	S	U	G	E	I
I	O	N	B	X	C	A	M	I	M	M	J	M	E	E	D	E	L	L
Y	C	N	P	U	T	I	N	Q	Q	K	A	L	D	O	N	L	E	T
F	R	E	I	G	A	B	E	T	R	A	F	R	I	L	E	G	W	N
O	D	L	M	J	R	E	T	O	O	H	S	H	S	F	U	R	I	E
S	P	E	N	D	E	N	A	F	F	A	E	R	E	U	R	I	N	F
T	I	F	E	S	I	R	K	N	E	I	S	A	A	A	G	P	S	F
R	A	O	B	D	L	C	Y	A	F	S	T	A	R	T	T	P	K	E
A	B	K	R	Z	E	L	Z	A	C	O	Z	U	P	M	E	E	Y	O
T	M	K	A	F	L	E	H	A	F	F	A	E	R	E	L	E	T	R
S	U	E	K	O	G	C	P	A	T	H	F	I	N	D	E	R	F	E
G	M	R	D	K	S	I	N	S	O	L	V	E	N	Z	K	Z	Q	V
H	I	M	M	E	L	S	S	C	H	E	I	B	E	M	O	Q	U	U
Q	Q	X	X	D	Z	W	P	F	F	L	R	O	B	O	M	B	A	Y

11

1996-99
Ereignisse

1996
BOMBAY ZU MUMBAI
INSOLVENZ FOKKER
BOERSENGANG
TELEKOM
DEEP BLUE
SCHACHSIEGER
GEBURT SCHAF DOLLY
START EGO SHOOTER
QUAKE

1997
ASIENKRISE
CHINA VOGELGRIPPE
AXA UEBERNAHME
COLONIA
PATHFINDER MARS
HARRY POTTER
VEROEFFENTLICHUNG
FREIGABE
EUROTUNNEL

1998
START VIAGRA

AUFLOESUNG RAF
GRUENDUNG GOOGLE
START APPLE IMAC

1999
LEWINSKY AFFAERE
COLUMBINE
AMOK USA
CDU SPENDENAFFAERE
PUTIN PRAESIDENT
HIMMELSSCHEIBE
NEBRA

X	E	P	H	R	W	Y	B	K	S	O	M	I	S	E	F	Z	S	V
B	O	F	L	S	R	U	M	Y	Q	Z	Z	L	Y	D	O	X	L	J
S	S	U	L	H	C	S	E	D	N	E	S	J	E	B	V	O	E	M
D	U	D	U	A	B	B	A	L	A	I	Z	O	S	W	E	W	Y	N
P	Z	S	D	B	I	J	Q	Q	K	D	J	A	M	G	R	T	Q	W
W	A	B	T	U	E	M	G	O	X	Y	T	S	C	M	D	E	F	U
G	N	E	C	R	I	I	K	R	S	O	J	G	Z	U	R	M	C	L
M	H	S	Q	Z	Z	L	N	Z	U	D	I	H	U	L	O	I	S	X
N	G	S	M	Y	K	L	T	V	N	E	Y	V	Z	T	S	P	L	R
U	F	E	K	J	T	E	N	S	P	S	N	G	X	I	S	A	R	N
I	B	R	T	R	W	N	F	A	F	K	N	H	O	M	E	I	E	Y
Y	G	W	Z	R	F	I	H	A	W	J	O	A	K	E	N	L	F	V
F	G	E	H	J	V	U	R	U	F	D	Y	Z	B	D	H	E	O	I
A	F	S	J	L	B	M	P	J	A	B	X	A	V	I	E	E	R	M
H	M	S	Q	B	P	E	K	X	R	V	N	S	Q	A	I	N	M	D
H	T	I	W	O	H	A	T	D	P	W	E	B	F	A	T	U	S	E
P	B	L	I	T	P	C	H	Y	V	U	N	Z	G	C	D	Z	T	U
P	Y	F	R	K	I	V	V	O	O	E	J	M	G	O	K	Y	A	E
I	F	W	I	R	H	A	J	L	H	A	W	R	E	P	U	S	U	N
R	O	E	H	R	E	N	F	E	R	N	S	E	H	E	R	A	H	J
P	O	L	I	T	I	K	B	S	N	X	A	E	E	Q	V	F	D	Y
R	X	T	Z	Q	J	A	T	E	K	A	P	R	A	P	S	E	M	B
O	B	U	N	D	E	S	L	A	E	N	D	E	R	C	Q	J	P	O
T	S	W	Z	C	C	Y	K	S	Z	N	V	C	J	A	A	I	F	E

12

1990iger Schlagworte

NEUE BUNDESLAENDER
BESSERWESSI
POLITIK VERDROSSENHEIT
SOZIALABBAU
SUPERWAHLJAHR
SENDESCHLUSS

MULTIMEDIA
SPARPAKET
REFORMSTAU
ROT GRUEN
MILLENIUM
ROEHRENFERNSEHER

```
D L T X E M K D H S C I C H T P Y Y J
Q I M F T Q S P T C V J Z A Q X R O Y
D U C P C W A Z G E V I O O P K N I R
A C B H C M D M P K E T Y T K U E N J
Y Y T O X Q K Q G L I O X O Z M M M M
R A T B G F Z U Z K U Z L M U U M P Z
S P C I V L Y C C S I Q Q S W I D R I
S I G O N H U M H S D O V H S I K Z P
E T G K I I N H G Y R A G T N Z G Z M
N S N M W U F H Y N B Y B E W V K B X
E U M M I T Z N I G I G R O D X S K P
D V N U K A T E I B N K B K U J E H D
A L P E F N C M E S P I N F A T R B A
S T Q R E N S F M O H G H I Z S A O T
L F H D E B G S W A C X U T H Y P E A
M K N L P I W D G G D A W M O T M V D
E B I L I E B D B E N R G C R N O S A
N S W Z G O B T F H X K E Z P F C M B
J C T T M F H Y K T T U A V O B K G Q
O Q C P K R C E S I D A R A P F Y O U
Y I M J L U W F I M I N U N P Q E Q M
F L N G X H H J W X O E B P F J W P W
K R B V V Z G F P R Z D C G T S S R U
S K R W O X K A N O T H E R T O P K W
```

13

**1990
Hits**

ANOTHER DAY IN
PARADISE
PUMP AB DAS BIER
NOTHING COMPARES
TO YOU
VERDAMMT ICH LIEB
DICH

TOMS DINER
IVE BEEN THINKING
ABOUT YOU
SADENESS
INFINITY
ENJOY THE SILENCE

R	X	J	O	S	C	A	K	E	V	V	F	O	E	I	A	M	V	D
Z	B	Z	B	L	G	P	T	G	M	T	N	B	E	T	C	X	Y	N
W	A	T	S	O	N	L	O	P	K	O	A	A	E	N	B	R	R	S
E	K	H	U	P	U	W	R	B	Q	N	I	R	U	I	G	D	O	O
R	O	X	Y	H	A	I	K	S	H	I	T	T	J	D	V	J	C	H
V	E	W	C	V	N	X	G	O	B	K	S	H	G	M	Z	M	U	H
M	R	S	K	C	K	L	G	C	R	P	A	E	V	B	I	E	E	P
H	U	S	E	O	D	N	L	I	R	G	B	L	I	C	Q	G	R	O
A	W	W	Y	D	T	L	S	T	U	G	E	D	H	I	G	G	H	E
N	E	J	H	I	V	T	N	D	X	Y	S	A	H	B	M	G	S	J
N	D	S	U	S	E	R	A	W	X	V	E	V	K	I	V	G	N	A
O	N	T	D	N	U	I	J	K	U	L	Q	N	H	K	G	E	N	K
Z	N	E	Q	D	D	D	D	M	D	H	I	F	Y	C	Z	O	S	G
E	Y	W	Y	Z	A	C	B	E	T	S	V	W	B	A	M	K	N	Q
U	N	A	T	X	E	O	N	H	V	Q	I	B	C	I	H	S	E	D
E	W	R	Z	D	V	Y	H	V	T	U	N	A	W	N	O	V	R	W
H	K	T	W	J	J	C	S	K	F	P	R	D	S	Z	Q	J	H	T
R	Y	R	H	X	I	M	Y	E	K	O	E	A	R	O	A	Y	E	O
L	B	A	O	N	K	Z	N	P	L	L	C	M	R	W	S	M	B	S
R	W	U	Z	O	Q	B	F	I	E	F	S	I	S	Q	Y	U	L	M
Q	R	W	E	S	S	J	N	M	N	Y	X	E	S	Z	G	J	A	S
O	R	M	Y	T	B	E	Q	B	P	D	Q	N	F	R	J	G	M	T
V	P	L	V	T	Z	U	J	Y	X	Z	Z	D	J	A	Y	S	M	O
H	A	L	V	K	E	Z	L	Q	T	A	J	K	B	J	J	J	E	O

14

1990
geboren

TONI KROOS
CRO
HANNO BEHRENS
EMMA WATSON
KRISTEN STEWART

MONA BARTHEL
CAROLINE WOZNIACKI
PRINCE DAMIEN
MICHAEL SCHULTE
SEBASTIAN RUDY

B	E	I	N	H	A	R	T	N	O	I	Z	Z	V	V	W	E	R	D
R	L	U	G	U	E	L	D	H	C	W	I	T	B	X	U	D	M	L
Z	S	K	X	I	X	W	Y	P	W	N	E	R	S	N	O	A	E	P
M	T	N	O	W	T	M	D	G	V	F	I	A	D	B	R	N	C	R
H	R	H	L	Q	A	V	Q	O	K	N	X	B	W	T	F	F	H	S
I	C	E	I	M	M	Q	T	G	N	O	S	E	I	Y	U	N	A	H
L	S	V	G	W	N	D	V	P	C	N	Z	N	H	W	G	I	N	O
M	K	M	Y	W	J	N	E	Y	G	U	K	D	I	D	Z	Q	G	O
T	W	V	C	A	N	O	X	J	B	E	A	K	B	D	I	N	E	P
L	E	T	S	P	S	A	F	G	M	F	I	H	Y	D	O	R	T	P
I	M	V	D	Z	L	Y	X	Q	T	V	U	L	R	B	E	B	I	X
N	V	U	E	T	O	D	T	T	I	Q	I	A	T	R	F	E	Z	V
I	P	E	R	U	C	O	I	U	L	C	C	S	X	U	O	T	M	B
B	V	A	M	W	T	B	H	I	W	A	F	S	F	C	O	F	L	D
H	U	F	B	E	O	Y	C	B	B	K	I	E	I	K	W	B	E	S
Q	W	A	M	L	U	R	I	M	B	J	E	N	A	P	O	E	A	I
N	B	H	P	A	H	E	I	C	E	L	Z	E	E	L	O	T	J	G
Y	U	F	F	Z	W	V	M	J	I	U	E	D	B	K	A	O	E	W
Z	A	Q	Z	A	H	E	I	N	S	B	S	A	W	I	N	D	H	N
F	N	R	R	P	W	Q	G	R	E	O	T	S	R	S	U	A	S	S
V	N	F	D	Y	K	L	A	T	E	D	I	R	Y	O	J	N	E	O
M	O	H	V	I	A	Z	N	E	S	Z	A	U	Z	S	S	C	X	Z
K	D	Z	B	S	Y	Q	Y	A	L	E	N	P	J	E	X	E	D	G
T	P	D	S	P	Y	I	J	Z	R	R	U	O	A	K	T	R	K	F

15

1991 Hits

SADENESS
BEINHART
EVERYBODY DANCE NOW
JOYRIDE
WIND OF CHANGE
BACARDI FEELING

LETS TALK ABOUT SEX
ICE ICE BABY
SHOOP SHOOP SONG
ICH BIN DER MARTIN NE
SENZA UNA DONNA
IDO IT FOR YOU

```
U L Y F E T Z M B B C T F G W I Q W S
R E U L D R U R P H M X N H L D M F E
Z G N O O L E R A H M U J E L G Y O U
L Z I D Q Y A H D Q B I V I H W R L Y
R A H G E L F P V N M M S D Z T R L I
U L B M K T K E B I A G P I F Q E R Z
X X U K W V T L E I T L A E X H B M S
B D Y U M L A I P D Y S V J N K N P E
U R H Z A C D O U U O W O Y A N E X P
R C Z Z K D O T W L G C J N P F D O M
R H Z O E J U T H G H G Y B I T D R R
O F Y R D I X Z S C H W A R Z K O P F
E O F L E E O T Z O E F D L Y I R P K
R K E T V C R N G T Y N C A R U C K U
H N C Z N X A I E I U B K L T A H A X
A H K P J R T E N K L X L N K C K U C
L E O H E N R H E K E P A J E C D L M
A Q L E O O C F U I A L N Y K S R N C
Z A H N E M K A Z N H E D R K L H U G
E S E W N K L A U S C A O U W D A C W
L R U X K F K X U K I H N C N Y G U O
E U L B R U E H L I M C P R S B Z K S
X O C N D K F U I B K I J E F O K A R
Y O D C W S V F W Q Z M A M I T K S T
```

16

1991
geboren/
gestorben

geboren

ED SHEERAN
LENA MEYER LANDRUT
JIMI BLUE OCHSENKNECHT
HEIDI BRUEHL
MICHAEL LANDON
ROY BLACK

gestorben

GENE RODDENBERRY
FREDDIE MERCURY
KLAUS KINSKI
KARL HEIN KOEPCKE
MICHAEL PFLEGHAR
KLAUS SCHWARZKOPF

```
Q E Y U K Y Y A C N J G J H Z F L I C
Z G M E S W X H H G W C I T N M R A K
H D Q F M E T B T M J R S Y Y H N K C
F J U Q F C T O N Z P X D A V A T E H
W U A M Y L K O O R R L T I H D V G O
M I T S M V Z T D V B J S C E F I L K
M Y Y K H H E H X Z N Q A L I I U T L
T Q Q I S C V X H D N N S T J Q R I A
A P Q X I M I X S B Z I J T A I S C T
L H A C E U J P H M C V N T D K U E H
K V H S R C O U O B W X G I S W E A T
I Z U P O Z R Y B C Q E G L V P O C M
K G C R M E T T S J I C F O A J C J W
V A M U E S T U R E R K P E O J S B V
E X M V U C F Y B F X B J X X F P U A
Z J W J G E N V O E D A S G N F M D G
E I T C W H N A H Y G V P G H Q D G T
A F H U U H E Q D T L Y C N F M Q E R
H K M B O W D I O A I X Z D I E R Q M
L E T S U B P Q N V D W H M H T Y H R
D O N T F O A H K N E S A E L P P G S
J C Y K X A Y E O I O M O R E G T G R
N P B C Y E N H T A S C M J W D O N U
A J L Q H W R D A U G S D Y P C C X K
```

17

1992
Hits

LETS TALK ABOUT SEX
DAS BOOT
TO BE WITH YOU
RHYTHM IS ADANCER
ITS MY LIFE

SWEAT
MORE AND MORE
PLEASE DONT GO
DONT TALK JUST KISS
JIVE CONNIE

```
Z B E T V B K X D H Q P W V B T K K R
J G A D U O R P V I H H Y M F L L I H
P B Q W Q Y E L I M F A C Q T A N R L
J K Y X R X G X V S I R J A J V D R Q
D A V X P H I L I P O A S I M O V R A
Z N C D S N I K R E P C A A S I K M I
O Z F K S J X U P P U D B M Y N T A Z
L Z N H O R D Y L P B F R H Q H A F D
A H H R T I D R A B M O L P O C P S R
N K W R W K F W R P X V M R M R E P E
T E P N C D B H R M A I Y E E N Y L C
H P W Y O E Y K F B H R H K E T N I L
O O O W C G O L U X G B N L A E R S Q
N E Z H C C N S O U J E R O R P G K J
Y A O Q M I B U I D H A R N L X E O J
I V A W G O S R W N M Z M P Z D N V A
Q T J W H X A Y J H L B M Z M N G A F
X H K S L V R C Y M K B B D E H I T U
J N D Y P Z A G J S C I H Y W S V B H
R I Q B I F H C R C D W N Q C I E Y V
H C I R T E I D N R J N I S X G L J N
P J A N I L O R A K E W C D N X E L J
F G Y H G J G C K B T D N A R B D R Y
J G Y G Q I W V C Z Z L G X T C G A Q
```

18

1992
geboren/
gestorben

geboren:

KAROLINA PLISKOVA
CARA DELEVIGNE
SARAH LOMBARDI
PHILIP AMTHOR
MILEY CYRUS
CARDIB

gestorben:

JACK ARNOLD
ISAAC ASIMOV
BENNY HILL
MARLENE DIETRICH
ANTHONY PERKINS
WILLY BRANDT

```
W  P  B  Q  U  D  S  Y  E  Q  O  X  U  M  H  B  U  X  G
R  H  O  H  D  V  V  Y  P  V  X  M  W  K  X  B  V  F  N  Q
O  O  C  Q  L  S  K  P  D  P  D  D  O  O  R  O  Q  J  W
S  T  F  R  T  F  O  Z  V  N  D  Z  U  Z  J  H  Y  B  U
T  J  C  N  N  N  C  G  O  O  R  Y  N  J  U  C  I  D  I
I  R  A  P  K  K  J  N  K  Y  M  N  K  J  U  F  M  Q  M
U  W  O  E  I  M  M  Q  A  S  V  O  O  Q  S  C  W  W  N
O  F  I  D  S  O  C  L  E  O  F  F  V  A  L  Q  F  J  D
Y  R  N  E  T  V  H  I  L  S  N  J  N  C  R  C  K  I  V
M  A  H  C  P  R  L  Y  Z  C  Q  Y  W  E  Y  A  U  L  T
C  F  E  N  H  I  G  I  J  K  T  C  Z  Y  V  A  Y  A  R
Z  W  R  F  B  D  Y  E  N  H  Q  I  Z  V  K  O  H  R  T
U  O  D  O  W  U  N  U  I  S  H  E  R  O  M  W  L  H  H
V  N  G  L  H  K  O  N  I  V  A  L  L  S  L  O  V  E  A
H  K  T  H  T  M  G  Y  F  M  D  K  A  K  S  J  H  R  T
B  N  M  Z  Y  D  A  V  O  A  Y  L  L  I  W  I  C  S  Z
G  M  W  P  R  O  S  R  R  E  L  D  E  C  F  D  V  J  R
N  H  Z  R  I  E  E  K  A  H  I  W  O  U  L  D  Z  R  W
I  P  R  R  R  A  M  U  Q  S  B  S  A  X  H  J  S  Z  N
V  W  I  W  J  P  U  R  W  E  S  T  S  Y  D  B  N  B  J
I  X  T  J  B  B  X  O  O  Y  W  M  U  T  S  G  W  N  P
L  Y  L  T  V  U  E  E  D  F  H  K  N  I  A  V  O  U  Z
P  P  E  S  M  P  L  J  O  M  N  K  Y  U  A  H  D  Z  C
U  O  Z  J  K  Y  T  V  A  Q  L  I  E  V  O  L  W  T  O
```

19

1993 Hits

MORE AND MORE
WOULD I LIE TO YOU
I WILL ALWAYS LOVE YOU
ALL THAT SHE WANTS
INFORMER
MR VAIN

WHATS UP
GO WEST
ID DO ANYTHING FOR
LOVE
WHAT IS LOVE
LIVING ON MY OWN

T	Y	V	C	N	B	L	H	W	I	E	K	R	A	W	A	F	E	A
F	B	T	H	I	E	M	V	H	P	N	R	N	Z	P	B	A	R	C
E	N	V	V	G	N	W	P	C	R	L	A	Z	A	G	P	T	C	U
R	B	C	X	Z	R	S	H	E	P	B	U	R	N	R	H	A	O	Y
R	Z	W	I	B	E	A	H	G	F	N	Q	W	G	U	F	B	Z	T
U	H	U	N	W	T	V	N	V	B	G	T	H	R	J	G	X	V	A
C	M	X	E	N	T	H	Q	D	O	Q	H	C	N	D	D	J	R	N
C	S	C	O	Z	U	G	Q	E	E	V	F	E	L	L	I	N	I	A
I	R	F	H	D	Y	J	X	X	S	J	C	M	M	E	U	X	R	I
O	F	E	P	F	G	H	D	G	B	C	I	C	T	F	L	R	I	R
Y	N	D	F	W	L	Q	G	B	E	R	O	E	I	K	H	L	V	A
D	L	E	C	C	W	O	L	X	U	G	W	B	G	N	E	R	I	X
E	Y	R	C	N	S	E	D	L	H	K	M	Z	A	J	I	N	R	A
O	G	I	V	H	K	G	J	U	A	X	G	Y	Y	R	S	M	S	M
B	P	C	O	G	C	Y	U	E	R	M	I	W	G	S	E	H	O	E
W	C	O	X	P	Y	L	A	F	R	W	B	Q	D	J	E	J	F	D
H	G	K	C	E	J	E	N	J	W	U	N	O	Z	F	E	C	O	X
H	J	K	Q	X	N	A	R	T	V	O	N	J	R	B	E	E	L	R
N	R	A	T	V	N	O	K	D	H	S	V	I	G	G	R	B	I	H
Z	X	U	D	G	L	P	D	P	U	N	C	U	I	I	H	L	C	Z
T	V	D	C	E	Y	R	T	N	T	A	M	Q	V	B	I	I	H	U
H	N	H	M	G	E	O	L	B	A	P	X	E	V	G	C	O	N	Y
P	Q	D	L	H	H	L	I	E	L	R	R	B	U	M	S	W	Y	I
M	O	S	M	F	Y	K	A	Q	L	V	B	N	S	K	R	K	O	Z

20

1993
geboren/
gestorben

geboren

DOMINIC THIEM
ARIANA GRANDE
RUDOLF NUREJEW

gestorben

AUDREY HEPBURN
ARTHUR ASHE

FERRUCCIO LAMBORGHINI
BRANDON LEE
FEDERICO FELLINI
RIVER PHOENIX
PABLO ESCOBAR
FRANK ZAPPA

B	V	V	Q	H	N	M	C	Y	D	Q	D	J	V	J	O	I	F	D
Z	U	W	M	H	A	J	I	C	R	A	L	L	G	Q	J	A	I	E
X	Q	T	H	G	I	N	S	A	E	S	I	G	N	E	X	M	W	W
N	K	R	E	Y	E	H	T	C	I	J	O	E	X	S	F	Q	W	Q
M	V	H	X	I	B	C	R	T	O	F	A	L	P	J	V	E	B	V
C	X	R	A	L	P	D	E	T	I	N	U	F	A	D	A	O	X	E
I	J	L	U	A	O	K	E	N	Y	D	G	W	I	M	H	J	L	R
T	K	Z	N	H	L	T	T	V	V	K	A	N	H	Q	Y	A	X	V
D	P	B	T	K	I	H	S	T	A	U	F	E	P	L	B	S	K	M
W	E	Z	P	R	Z	T	I	C	Y	G	C	Y	L	F	C	N	F	S
W	E	R	P	J	E	J	Z	O	J	J	W	D	E	P	W	O	S	U
W	U	W	O	L	I	F	V	Z	L	B	L	O	D	H	Q	T	G	B
R	U	P	L	L	L	W	E	O	D	Q	Q	B	A	A	H	T	R	L
X	Z	A	M	R	Y	T	V	M	Z	P	J	Y	L	A	Z	O	B	M
N	P	C	A	S	E	L	O	E	R	E	O	R	I	T	B	C	Q	T
P	I	F	V	J	Z	X	L	N	S	N	N	E	H	J	Y	O	J	S
L	M	I	O	Y	V	T	G	U	O	I	G	V	P	X	R	X	U	J
G	S	Q	S	R	O	Q	H	O	E	W	L	E	G	P	H	A	P	T
F	C	G	O	B	U	U	Z	E	S	A	T	U	R	D	A	Y	F	U
S	T	U	O	H	T	I	W	C	F	S	W	V	U	Q	S	O	Y	L
Y	N	U	O	J	I	C	E	Z	I	R	A	E	W	S	I	E	A	G
B	E	V	O	L	V	E	I	F	H	J	I	J	I	G	N	I	S	F
S	B	U	S	L	E	R	E	A	E	F	N	B	Y	Q	N	I	Y	X
X	F	J	G	I	P	F	L	W	P	Z	G	Z	Q	S	N	P	H	O

21

1994 Hits

THE SIGN
ALL FOR LOVE
OMEN DREI
STREETS OF
PHILADELPHIA
WITHOUT YOU

UNITED
ISWEAR
EIN ZWEI POLIZEI
SATURDAY NIGHT
COTTON EYE JOE
LOVE IS ALL ABOUT
EVERYBODY

```
Q Z F Z N Z D B A V U L T E W H R C E
V N K C O X K D Z L F I X J M V M C C
D A B B H W N V V D D I O P U L C A L
E D V B R A C D M C J E U N H S P G Y
R E R N T E L L Y E A W T Q S I T H Y
I K P U J E B M G P O J O H T J E I V
C C R S B C Q F B A G M L A M P B G N
H I F O N Z X M W K K H L A Z V Y K M
Y H E U G E N I E P K R S R K D J I F
B C B I E B E R N Y C C Z B F U M N D
F S U D A U B U J C R R B W M Y A R C
H V H L F Y O H F G D U S A L A V A S
D N O S H M U T I R N E C K U U K G L
X F C F P U C E P E U H F I K H S C
X U B G T V H L Z T C M D N I P T U R
G F R D C J A X J E U A K X W L C Z E
G G M V Z Z R A K B S N J O H N Q U K
F T S R R J D Q W R H N G L E P U N C
K P A O G I N K U F I U A Z Q R Z O E
P V T R J V K A K M N F A U G E N T N
X J O C C B U G V M G M L G I T I R O
T P M J G D R C A N N E S A O E E Y H
V D C A N D Y X C R C H M D N P H A E
C S A P C S Q K H T I C W F S S G L N
```

22

1994
geboren/
gestorben

geboren

EUGENIE BOUCHARD
JUSTIN BIEBER
CAPITAL BRA
_____
TELLY SAVALAS
JOHN CANDY

gestorben

AYRTON SENNA
ERICH HONECKER
GRETE SCHICKEDANZ
PETER CUSHING
HEINZ RUEHMANN

```
I A W R H Z O M B I E H D Y I L Q K F
I L P D U A P T P S N A M T A C S E U
L R L S Y Q J D K T G E K G E R N W C
M P O C O Q G E L A S L T B E J G W D
Z N A Q F M X G B R G R S E O R E Y E
G V S P R T G A D X O Y E U Q O E O G
A G Q V T S I N W P B W U A D O M W J
U C O T T O N G E A S O Q C D G U A I
F L S D G V V S G R T U N B B I Y B J
Y L T B H B G T K A L R O J G Z L S A
K F K V M U B A H D O D C D I Q K A I
Z T E S D I E S I I V B H E W Y V D I
E F E B F F E W P S E K T J A H I E O
O G E I S D I F I E R S R Y N S N B I
G F J B T S A R M W J N A N N G R U J
V N P A H S H O Y G O Y E T A B B N R
J D B C M E O U X R L P T I W C U O N
P C O K R B J O A E I P N G C B F G N
O Y O E N W I X Z F E I O P W J Y I B
Y M M B Z E T D U P Y H D R I M A I E
D Y T I N A Q E O I O A D V V F S S B
H U Y P W I W H A O U P A R A D I S E
H E O B N A I E Y R G C S G P X P L Q
M C T O R L W B K R S O R E G M I Z F
```

1995 Hits

COTTON EYE JOE
TEARS DONT LIE
ZOMBIE
CONQUEST OF PARADISE
BACK FOR GOOD
BE MY LOVER
MIEF

WISH YOU WERE HERE
SCATMANS WORLD
BOOM BOOM BOOM
IWANNA BE AHIPPY
SIE IST WEG
GANGSTAS PARADISE
EARTH SONG

I	D	S	G	C	W	U	Y	E	D	A	R	N	O	K	W	X	O	K
W	Z	J	H	W	O	R	V	J	Z	I	A	K	U	I	W	X	S	Z
Z	C	W	Q	G	L	E	J	H	E	U	T	Z	G	K	M	J	H	D
B	F	B	A	E	F	Z	G	N	X	A	M	N	I	F	L	M	J	E
I	S	J	T	U	M	J	N	O	Z	I	E	M	M	Y	L	Q	O	K
L	Y	X	J	G	A	Y	N	Y	I	R	M	J	E	J	Z	X	S	Q
O	R	J	C	E	N	O	D	X	U	I	Q	U	I	A	H	I	H	P
R	J	R	P	N	L	G	A	L	C	E	Z	S	B	O	B	S	U	P
F	J	V	E	E	Z	H	X	H	J	J	W	R	Q	H	A	Y	A	K
J	D	D	S	M	M	H	P	O	A	W	P	I	M	S	A	F	B	U
Y	N	Y	Z	K	P	F	A	L	P	W	B	L	K	W	R	O	S	S
E	M	P	S	X	B	F	F	D	I	H	L	G	C	Q	H	J	I	Y
J	G	J	K	S	C	H	L	U	E	T	E	R	U	D	H	G	C	Y
U	J	K	M	S	V	Y	J	O	G	F	M	C	E	G	A	I	A	M
X	A	S	H	O	T	T	O	P	P	Z	S	G	Z	E	D	S	I	M
Q	L	N	Y	P	Y	E	E	G	X	P	R	C	M	F	Q	E	P	Q
L	N	B	A	A	P	F	P	J	K	Y	F	I	M	H	G	L	A	C
H	X	Y	O	E	N	F	K	O	Q	Z	C	E	C	Z	V	A	E	R
J	I	V	K	L	D	R	G	O	R	H	Q	X	L	E	X	I	M	G
N	L	Q	G	O	V	T	K	L	A	B	B	P	Z	D	Q	J	W	R
Q	Y	N	H	K	B	G	S	E	D	D	W	Q	G	U	W	X	A	S
L	U	D	F	E	V	O	L	M	D	L	K	B	K	Z	S	J	K	R
N	I	T	R	A	M	K	C	A	J	M	G	N	H	O	J	E	Z	E
A	W	X	V	P	G	F	P	R	E	N	N	U	R	B	Q	T	T	D

24

1995

geboren/ gestorben

geboren

JOSHUA KIMMICH

gestorben

BOB ROSS

MICHAEL ENDE

KONRAD ZUSE

DEAN MARTIN

GISELA SCHLUETER

JOHN BRUNNER

EUGENE WIGNER

WOLFMAN JACK

TIL KIWE

25

1996 Hits

MISSING
SPACEMAN
LEMON TREE
CHILDREN
MACARENA
THE DONT CARE ABOUT US
KILLING ME SOFTLY

ICANT HELP MYSELF
WANNABE
ZEHN KLEINE JAEGERMEISTER
VERPISS DICH
TIME TO SAY GOODBYE
INSOMNIA
COCO JAMBOO

```
L V Q S H L Y S F C K G U K N C X N Q
J Z Q Z V T I J M Y X A L Y K E D E S
P M T G P T V P B F F Y I W R N O A I
J E N E G R J T D C A R H W B X W Z B
W L M M E F R A N C O I S J R T O N A
M J S I A V G V T I N S P X R N K H R
G L S L G T O I X S Q Z S W P A S A E
H E E V F I T Z G E R A L D J A U H T
R S L N M B P E S S O A H F P A S A T
F Z L R C Z R H O T M T L L T T O F I
M O A Q W H Q X J H O N E I A A D T N
M U K O I W I C A H R N R N V D I U I
E L W T L P L N Q R E Q L J G G Q W Z
Z R T O H C S X W R E U T T W K N A V
F O O B E S Q A Y J V D P D E T L D M
Q X Q P L F P L Z F U X I L N R L I S
T Q W Z M A L R O X O F L E Z A E S O
Q O D G T H X Q I O Y Y P P N J R L I
L A D N A R E T T I M H F E P H A B R
M N M R E Z T A K Z V Y W K O C C J U
S U J U L I A N K P Z R B B O C A S V
X N G W J R A H F B P Z J S N S T Q K
H R E F P G H K M Y K E T H Y R A O H
V W Z K I I Y Q Q L F E C U N V P Z D
```

26

1996
geboren/
gestorben

geboren

gestorben

MATTEO BARETTINI
JULIAN BRANDT
FRANCOIS MITTERAND
GENE KELLY
ELLA FITZGERALD

HANS KATZER
MAGDA SCHNEIDER
RIO REISER
RENE LACOSTE
WILHELM HAHN

```
M E O R I E N A J Y I Y O A A D J T R
E P P Y H A S N A L B N S R L K L T G
N U V M X O K S L R Z B L I Q T G U T
O T P S S K S Q D F I U R M M A E E I
E K K A E P S A P K N I O Q Z Y B A H
I D E R P O H C O H T F X Y F X Z J V
H H A J B I C I A Y O V B K X C I N S
P R S X L C I F B V E S J Q I S I Z H
O X V A O M N H J N V K H B L A C K E
D L A Q M J O O N L T Z I X P B N O E
T R Q H D B S B G B N I T L V X T J N
E R Z I U U A H G Z B L T B W H L L L
C M U W R A L C H L P I T S C Z R K G
K D I T A G Z I X X N E G I J W X R E
B F S T E R T M U J I B N Z Y H H U L
C E G E M C U O F B M S M M E O E G E
I X P R P C J M M Q H T E I Y E F I K
G H C Y I J W D N D F U V S B D M R A
O H H S R B A R B I E C Y S D P E L S
X C R T E W O G U K L A F I O Q L J P
K U M T R C N H Z G K M C N O T I N G
K P N V J K Q L O N E L Y G G C S D T
X O Y K V G K H B I I W J N G I Z B U
D O T A H T F T S U Z B E E Q W D Q T
```

27

1997
Hits

TIME TO SAY GOODBYE

WARUM

DU LIEBST MICH NICHT

SONIC EMPIRE

ILL BE MISSING YOU

MEN IN BLACK

BARBIE GIRL

ITS LIKE THAT

DONT SPEAK

SAMBA DE JANEIRO

LONELY

H	Y	Y	T	L	F	S	B	U	R	R	O	U	G	H	S	K	H	U
K	P	W	T	N	A	J	T	F	H	N	G	G	J	S	E	Z	R	Y
V	L	W	V	Z	G	P	T	U	C	Z	Y	Z	A	L	Y	Y	N	K
Q	H	N	E	W	I	Z	V	J	U	L	V	O	R	C	O	P	L	W
O	L	E	M	C	Z	R	G	L	W	R	R	E	K	U	R	W	A	B
U	I	M	M	Z	A	H	O	Q	V	O	B	L	R	J	A	K	P	U
D	K	S	M	M	B	S	W	B	S	S	O	Z	I	E	R	G	P	N
O	F	E	I	F	P	E	R	E	E	J	F	S	A	F	V	T	Z	Y
C	E	L	T	M	P	A	X	E	L	R	O	N	P	E	R	W	W	A
J	V	A	C	C	P	U	W	U	V	N	T	F	I	C	B	N	T	E
E	D	W	H	C	I	C	N	E	B	W	D	Y	C	M	D	W	K	V
L	K	N	U	A	W	G	L	N	J	P	E	X	I	A	J	M	T	M	L
E	M	G	M	Q	F	X	G	M	O	Y	N	O	O	Y	D	N	O	V
N	R	U	F	T	H	X	W	M	L	Q	F	A	P	U	R	J	H	K
A	F	B	T	K	T	D	G	A	Z	A	M	J	B	A	H	W	T	V
K	I	H	Y	L	F	B	L	I	C	W	H	E	H	B	N	P	R	E
F	N	L	Y	D	N	D	A	L	L	W	U	T	O	E	T	S	A	B
R	N	O	V	W	N	F	S	L	U	B	U	S	E	Z	Y	S	W	A
E	A	O	B	L	Y	A	V	I	X	O	J	D	C	K	D	E	E	N
T	V	A	S	E	R	E	T	W	S	B	Q	U	U	R	C	M	T	A
T	A	F	X	A	A	L	E	X	A	N	D	E	R	C	C	A	S	I
U	I	Y	G	N	S	M	O	K	N	E	P	A	T	S	O	J	H	D
M	G	H	S	U	I	L	U	J	J	K	Y	X	J	J	E	J	Y	Z
X	T	C	C	M	F	T	G	B	D	A	D	N	I	L	E	B	D	U

1997
geboren/
gestorben

geboren

BELINDA BENCIC
ALEXANDER ZVEREV
JELENA OSTAPENKO
ROBERT MITCHUM
JAMES STEWART

gestorben

GIAVANNI VERSACE
DIANA VON WALES
MUTTER TERESA
JULIUS HACKETHAL
WILLIAM SBURROUGHS

```
N G L H O M G A G O T C H F B Z O L S
L K M N I A V L Q O F I O F V N C A E
M A P H B J N J P F Z R K P F U J O Z
R Z T K E I O Z G M Q U Z U A Q H W T
W P I E L A P U N W I Q R W A B E R H
Q U J X I D Q F L U T E X V R B T Z E
C J P F E B Q D R L A D P E K X R L Y
P Q T W V M R J J S X I J R K D A L V
K H V A E I M U W L N O E H A L E I K
Q T F T S I M M O R T A L I T Y H W Q
U Q W H G J A S O A R E D H M F O E R
J J T I C B K A J B U Z R C L K P K B
J H V S Y X X E L S A A W U C Z B L B
K I E B L T X I H S T I N A D I Z D C
L T D K U Y K F W S F H L B O A Q K F
I S Q Y N E O Q A O L G W A O J D R M
J Z I U A H A P B Z U H M R N T V I G
D S E E Q Y U L T P G E U D T D O V V
X T I I D S S M N M Z T U M E W O J N
Z U Q D I A G B K B E T P I J L T C H
N Z C G G A R D C X U O C U X I T Y U
N A T I B N Y K X I G L F F J V S M G
X M N S M H T U O P E D U P A O Y X R
D A E K M X P Z S Q F J G Z L C J U U
```

29

**1998
Hits**

ITS LIKE THIS
MY HEART WILL GO ON
LA COPA DE LA VIDA
GHETTO SUPASTAR
BAILANDO

FLUGZEUGE IM BAUCH
BELIEVE
HIJO DE LA LUNA
OUT OF THE DARK
DIE FLUT
IMMORTALITY

O	N	F	L	F	P	I	Q	X	U	R	I	S	E	P	T	P	C	V
J	U	O	F	A	L	C	O	K	U	L	E	N	K	A	M	P	F	F
A	G	L	O	K	S	I	N	A	T	R	A	M	A	L	I	K	A	F
V	U	H	L	M	W	F	I	Z	G	H	R	J	Z	J	I	K	T	X
T	D	G	R	Q	K	R	L	A	Z	I	F	Z	O	Y	T	S	A	N
H	O	F	E	H	A	G	L	B	N	J	B	A	R	B	T	K	K	T
A	I	W	I	R	E	G	I	E	W	H	C	S	A	S	E	R	Z	D
R	N	I	N	X	D	O	L	J	K	H	N	W	I	V	N	N	D	R
M	O	K	B	V	A	G	Q	L	I	F	W	A	M	N	I	U	A	A
S	E	D	V	M	Y	O	Y	M	F	A	G	E	U	M	M	Z	V	H
T	V	T	V	F	P	C	V	Z	R	Y	E	H	N	X	V	Z	B	R
O	V	X	L	O	T	T	I	A	R	F	I	P	D	Q	L	G	F	N
R	R	B	M	O	J	Q	T	L	A	C	M	J	P	C	O	A	O	E
F	P	U	B	L	R	L	H	I	O	P	H	Y	R	V	U	E	K	B
X	O	G	Q	I	G	C	L	A	S	N	A	Y	E	R	J	O	V	Y
A	O	J	Y	F	B	C	S	S	G	L	X	G	X	Y	I	R	A	J
U	K	L	I	R	H	B	J	S	G	N	K	M	O	W	R	O	B	L
B	U	G	Z	E	S	V	K	I	U	S	Y	G	B	J	M	B	C	I
E	R	N	M	H	Q	Y	E	M	L	D	T	E	G	S	R	K	N	D
O	T	X	X	C	H	C	Z	E	S	K	R	A	S	N	E	N	U	F
K	E	H	B	S	I	Z	E	N	W	R	D	R	F	A	B	A	E	U
U	A	S	R	I	Q	P	I	L	A	T	U	S	W	H	U	R	A	Q
L	X	K	H	F	U	C	I	U	E	M	W	F	Q	G	H	F	N	C
Y	B	T	B	E	M	R	R	V	S	V	D	S	L	T	F	M	N	W

30

1998

geboren/ gestorben

geboren

MALIKA AUGER ALIASSIME

LILLI SCHWEIGER

TARA FISCHER

gestorben

FALCO

ROB PILATUS

LOTTI HUBER

HANS JOACHIM

KULENKAMPFF

BENRHARD MINETTI

RAIMUND HARMSTORF

FRANK SINATRA

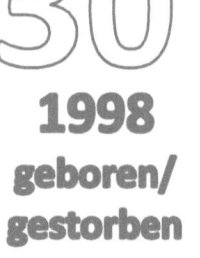

```
J O T A H T E I S N D G O M I H R G K
W B B H Y S F K E O S K W F F T N I N
R S F M C O U L F I F T O G X I K V W
K J O C A W U F A W N H H M G R V U C
S V R S A M P R H T E E D C F N T E H
V C X M L S W E A S N N G M I V I I G
C M I C H U T N A R J O K P A N H K F
L S K K I S I L E G A G I B I U M F A
A T L W U M E J E T N V O H Y T O B X
E F A E S Q R Z D D C T I C O C I N O
U N Y F F W O E D F T V P U S G B C X
T L L O V E M J E L I L C N L I H S B
T G X O O V K M E M Q H G V X B E L K
H X Y E A P I X W F C U P L S R U H X
A Y A M Q T T Z U C D U X R M E U V T
R I O A U D Y A L R O Y E X G I W Y Y
D J Z A L M M G D C X T A J A S N Z K
N X M Y B I S T F W H C I W W G T A K
E E X W P J A X G S Q H O M N V M U M
H Y Y O E G N V M X Q U Y H L M G N R
C B V N J N Y M T E T R T E A O V N W
S A P E Y R U Y S H D R A K H D V D M
A B B M A D T Q E T V A E T N O O E B
M Y D A B C W O R L D B B K O Z B L H
```

31

1999 Hits

BIG BIG WORLD
BABY ONE MORE TIME
FLAT BEAT
I WANT IT THAT WAY
MAMBO NR FIVE
BLUE DA BA DEE

THE BAD TOUCH
SO BIST DU
MASCHENDRAHT ZAUN
MY LOVE IS YOUR LOVE
GENIE IN A BOTTLE
SIE SIEHT MICH NICHT
KING OF MY CASTLE

```
Q T P G G F F F Q Q G X N F R B C W X
P E D D C F C W U I E X M E W K R J M
H D I X P D I L K R F G J Y M T M D U
Z N F V R L E L F V E M Y A Q D E L X
E F S Y L W A I L U D W I G S M Y H L
T L Z Y B R W V R N A J K U F H K A D
R Y W M P L K A Z F M L Q L G O N M O
F L L W I R K A H T G T L Q V R A W X
K B X W E L B Z W H H E R A N S R G B
Z I B V O B L U L Z O E I S M T F V H
L C I E Q F X O B G P I I S T O E U J
U L S G I W M K W I A L E N X W H A Q
O N U C S S V E I I S O N I Z F N T G
E B H I U H H W P R T K E W V N S N H
G C D P R G A Y B R N S Z E R H N A B
L I L O W I T Z T E K X C H E O S P H
Z J L E T D G A P E Z E L H X J C K K
J B R D E G H P P D P Y N X J A A P L
R W A H O M T I G N A T Z Z F T T L T
W T V W G R O E G B D O O O V M M B M
J K V O G Q W Y P S K W D L H D A B Z
H Y X C W R B T B X A O H M B X N W C
N E B J V T P Z K I L A S N O K G E L
M S U Y J V F L O R R P A N E O X Y K
```

32

1999
gestorben

OLIVER REED

HORST FRANK

SIEGFRIED LOWITZ

IGNATZ BUBIS

WILLY MILLOWITSCH

HEINZ GKONSALIK

REX GILDO

JOHN SCATMAN

GEORG THOMALLA

ROLF LUDWIG

Lösung Nr.19

Lösung Nr.21

Lösung Nr.23

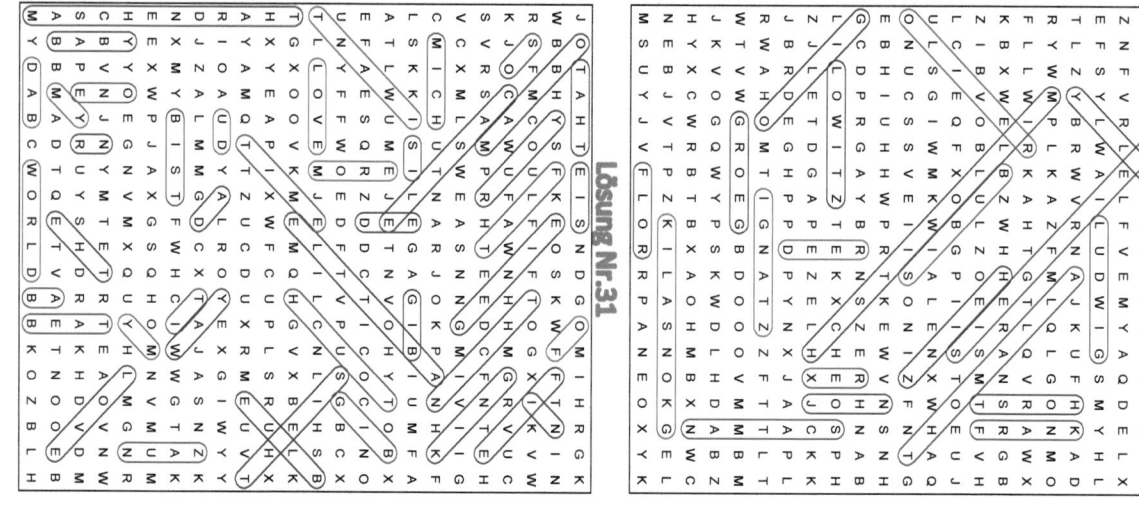

Weitere Wortsuchrätsel Bücher von Brian Gagg:

History	SQUASH	Jahreszeiten und -ereignisse
1970iger Jahre	TENNIS	FRÜHLING
1980iger Jahre	TISCHTENNIS	SOMMER
1990iger Jahre	VOLLEYBALL	HERBST
1980iger Jahre Retrospaß	**Familie und Beziehungen**	WINTER
1.WELTKRIEG	MUTTER	WEIHNACHTEN
2.WELTKRIEG	VATER	OSTERN
Sport	SCHWESTER	HALLOWEEN
ANGELN	BRUDER	GEBURTSTAG
BADMINTON	OMA	**Religion**
BASKETBALL	OPA	BIBELVERSE
BOWLING	FREUNDSCHAFT	**Orte**
EISHOCKEY	LIEBESZITATE	BERLIN
FALLSCHIRMSPRINGEN	**Freizeit und Hobbies**	MALLORCA
FELDHOCKEY	GRILLEN	**Sonstiges**
FUßBALL	SKAT	GLÜCK
GOLF	URLAUB	UFO
HANDBALL	SMARTPHONE und HANDY	SCIENCE FICTION
MINIGOLF	AUTOMARKEN	HORROR
POKERN	BLUMEN	KRANKENPFLEGE
RADSPORT	GARTEN	KRIMINALITÄT
REITSPORT	HUNDE	LEHRER
SCHACH	KATZEN	SCHULE
SCHWIMMSPORT		LUSTIGE SCHIMPFWORTE
SKI SPORT		
SPORTARTEN		